# Emotions and Empathy

# Emosyon ak senpati

## English-Haitian Creole

## Bilingual Children's Picture Dictionary Book

Richard Carlson
Suzanne Carlson

## Happiness

I feel happiness playing with new toys that I got for my birthday.

## Kè kontan

Mwen santi yon kè kontan lè ma ap jwe ak nouvo jwèt mwen te resevwa pou anivèsè nesans mwen.

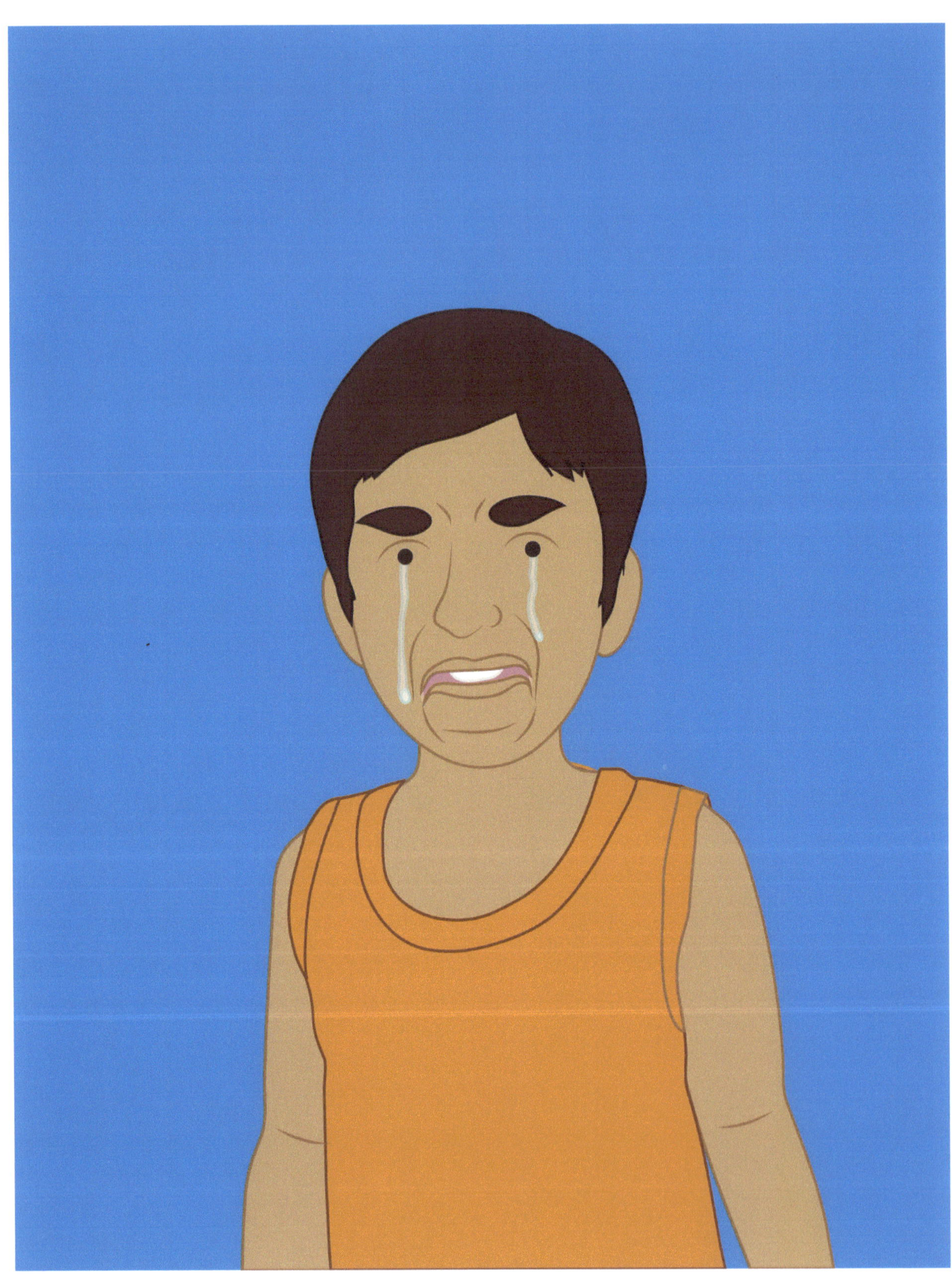

## Sadness

I feel sad if I can't go outside to play because of a thunderstorm.

## Tristès

Mwen santi m tris si mwen pa ka ale deyò pou m jwe poutèt yon loraj.

## Anger

I feel angry when my olde brother breaks one of my toys.

## Kòlè

M santi mwen fache lè gran frè mwen an kase youn nan jwèt mwen yo.

## Surprise

I am surprised when I get a gift when I least expect it.

## Sipriz

Mwen sipri lè mwen resevwa yon kado nan yon moman
mwen pat espere

**Fear**

I feal fear while watching a very scary movie.

**Laperèz**

Mwen santi m pè pandan m ap gade yon fim ki trè efreyan

## Disgust

I feel disgust when my little brother takes my toys
without asking.

## Mepri

Mwen santi m kontan lè ti frè mwen an pran jwèt mwen
yo san mande.

## Empathy

When my friend lost her necklace, I also felt sad. I feel empathy.

## Anpati

Lè zanmi m te pèdi kolye l, mwen te santi m tris tou. Mwen santi senpati.

## Empathy

I cringed when my mom got her finger stuck in a door. I feel empathy.

## Anpati

Mwen te kriye lè dwèt manman m te kwense nan yon pòt. Mwen santi senpati.

## Empathy

My sister fell off her bicycle twisting the handlebars. I was
sad. I feel empathy.

## Anpati

Sè m lan tonbe sou bisiklèt li a pandan li vire gidon an.
Mwen te tris. Mwen santi senpati.

Learn about human emotions and feeling empathy in this bilingual children's picture book.

**About the Author:** Richard Carlson is an author of children's bilingual books. www.richardcarlson.com / www.freebilingualbooks.com

**About the Illustrator:** Artist, Suzanne Carlson has a spectrum of artistic talents and enjoys creating a wide variety of projects. www.suzannecarlson.com